M. ALFRED DE SURIGNY

Notice biographique lue à la Séance publique du 6 Avril 1879

PAR

Adrien ARCELIN

Secrétaire perpétuel

MÂCON

IMPRIMERIE PROTAT FRÈRES

1879

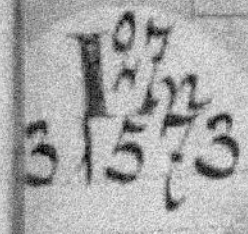

ACADÉMIE DE MACON

M. ALFRED DE SURIGNY

Notice biographique lue à la Séance publique du 6 Avril 1879

PAR

Adrien ARCELIN

Secrétaire perpétuel

MACON
IMPRIMERIE PROTAT FRÈRES
—
1879

M. ALFRED DE SURIGNY

Mesdames, Messieurs,

Ce qu'était la société mâconnaise au commencement de
ce siècle, vous le savez tous mieux que moi. M. de Lamar-
tine s'est plu, en ouvrant le trésor de ses souvenirs, à vous
en faire une peinture vivante, d'autant plus intéressante
pour nous que, parmi les principaux personnages du
tableau, nous retrouvons la plupart des fondateurs de notre
Société. Ils formaient un groupe d'élite, préservé de la
corruption du xviii⁰ siècle, mûri par les tempêtes de la
Révolution et par l'exil, dominé par quelques intelligences
supérieures qui entretenaient parmi eux le culte des belles-
lettres, le goût des sciences et la pratique des arts.

C'est dans ce milieu distingué que naquit, le 19 février
1805, notre collègue Marie-Alfred Desvignes de Surigny.
Il descendait par son père, ancien officier aux dragons de
Durfort, d'une antique souche mâconnaise, profondément
enracinée au sol natal, qui depuis quatre ou cinq siècles
n'avait cessé de donner des fleurs et des fruits, je veux dire
des serviteurs fidèles à la cité, à la province et à l'État. Sa
mère, M⁽ˡˡᵉ⁾ Des Bois, d'une race bien mâconnaise aussi,

était la fille du dernier de nos grands baillis d'épée. Le culte des arts était traditionnel dans les deux familles. Mlle Des Bois était élève de Devosges, un artiste dijonnais bien connu. M. de Surigny père peignait la miniature avec goût, et son talent lui avait rendu des services pendant l'émigration. Leur fils recueillit ce double héritage et resta fidèle à ces traditions.

Sa première éducation se fit à Cluny, dont le collège avait eu, pendant les premières années de notre siècle, une grande réputation dans la province. Il en est sorti toute une pléiade d'hommes distingués. Mais vers l'époque à laquelle M. de Surigny y fut envoyé par sa mère, cet établissement se trouvait déjà en décadence. Il n'en avait gardé que de mauvais souvenirs et parlait plus volontiers des années qu'il passa au collège de Saint-Acheul, où il termina ses études de philosophie et de physique (1824).

Envoyé à Paris pour y faire son droit, comme tout le monde, il se donna surtout à l'étude de la peinture, et revint à Mâcon avec un talent acquis, auquel il ne manquait plus que la maturité des années.

L'éloge banal et l'absence de critique sont les grands écueils qui menacent les vocations artistiques dans nos petites villes de province. M. de Surigny rencontra ces dangers sur sa route et sut les éviter. Accueilli avec sympathie par la société mâconnaise où il ne comptait que des amis ou des parents, il aurait pu s'abandonner au courant qui le portait. Ses dessins et ses aquarelles avaient de grands succès d'albums. Le monde des salons proclamait son talent. S'il s'était livré à cette pente de succès faciles, sa personnalité se serait fondue, comme tant d'autres, dans le moule de la vulgarité. Mais il n'était pas de nature à se laisser écraser dans ce laminoir. Il ne recherchait pas les sympathies banales.

Le monde, en général, n'aime pas ces indisciplinés qui veulent être quelqu'un et ne consentent pas à se livrer à tout venant. La parfaite urbanité n'est souvent qu'un effacement et la passion de l'égalité est bien plus despotique dans les salons que dans la rue. Aussi n'y a-t-il que les hommes bien sûrs d'eux-mêmes qui osent s'affranchir de cette petite tyrannie.

Notre collègue sut faire accepter son indépendance et conserva son originalité. Il y avait chez lui des apparences de contradictions qui étonnaient ceux qui le connaissaient peu. A le voir passer dans la rue, vêtu de noir de la tête aux pieds, entièrement rasé, maigre, la tête inclinée par l'habitude du travail et de la méditation, le regard emprisonné sous des lunettes, on l'aurait pris volontiers pour un ascète ou, comme me l'écrivait un de ses amis, pour un inquisiteur en redingote. Mais l'ascète était fort gai, je vous jure, et l'inquisiteur sentait bien parfois le fagot. Je veux dire qu'il côtoyait toujours, mais sans les franchir jamais, les limites permises de la libre discussion. Très royaliste, mais très libéral, il était de son temps et témoignait peu de goût pour les gouvernements d'ancien régime. Respectueux pour toutes les grandes causes, il abhorrait le genre solennel et traitait en badinant les sujets les plus graves. Bon et bienveillant, il blessait parfois sans le savoir ses interlocuteurs par la vivacité de ses répliques. Ce qu'il pensait, il le disait et ne signait jamais de capitulation. Agréable causeur, il n'aimait ni les artifices du langage ni ceux de la pensée. Mais il se plaisait à jouer avec le paradoxe. C'était son moyen favori pour se débarrasser des importuns. Son style et particulièrement sa correspondance le peignent à merveille. Rien de plus sobre, de plus nerveux; pas un mot de trop, pas une phrase creuse; de l'esprit souvent, de la gaieté toujours. Il redoutait beaucoup la sensiblerie. Les âmes fortes sont sereines. Il aimait les forts.

Marié jeune à une femme d'un mérite rare, entouré de sympathies, suffisamment pourvu des biens de la fortune, il passa plusieurs années à chercher sa voie, gaspillant un peu son temps et ses aptitudes très-variées. Peintre à ses heures, il s'essayait aussi à la sculpture, taillait le bois, forgeait et ciselait le fer et devint aussi habile à exécuter qu'à concevoir toute espèce d'ouvrages d'art. Il employait en un mot ses loisirs en homme de goût et dépensait les heures en prodigue. Mais il ouvrait en même temps l'oreille aux bruits du dehors et restait attentif à tout ce qui intéresse l'intelligence.

On était alors au beau moment de l'école romantique. Une réaction commençait à se produire en faveur du moyen âge. Le temps où les jugements de Dupaty, de Cochin, de Lalande ou même de Valery faisaient autorité en matière d'art était heureusement passé. Victor Hugo, en écrivant *Notre-Dame de Paris*, avait réhabilité l'art gothique dont le nom seul était un terme de mépris quelques années avant. Les travaux esthétiques de Vitet, de Mérimée, de Didron ouvraient des horizons inconnus jusque là. Le peintre Orsel cherchait à ressaisir les traditions de l'art chrétien, perdues depuis la Renaissance. MM. Lassus et Viollet Le Duc, apportant à leurs intelligentes restaurations des monuments du moyen âge une érudition consciencieuse, inauguraient une voie nouvelle en architecture. Enfin, un jeune écrivain catholique de la *Revue des Deux-Mondes*, M. de Montalembert, venait de pousser un cri de guerre contre ceux qu'il appelait les Vandales modernes et prêchait une croisade en faveur de l'art chrétien.

« L'art chrétien du moyen âge, disait-il dans un article publié sous la forme d'une lettre à Victor Hugo [1], est catholique avant tout. Il est la manifestation la plus impo-

---

[1] Victor Hugo luttait alors pour la même cause.

sante de l'Eglise dont je suis l'enfant, la création la plus brillante de la foi que m'ont léguée mes pères. Je contemple les vieux monuments du catholicisme avec autant d'amour que ceux qui dévouèrent leur vie et leurs biens à le fonder. Pour moi, ils ne représentent pas seulement une idée, une époque, une croyance éteinte. Ce sont, au contraire, les symboles de ce qu'il y a de plus de vivant dans mon âme. Le vandalisme moderne est non-seulement, à mes yeux, une brutalité et une sottise, c'est de plus un sacrilège. Je mets du fanatisme à le combattre [1]. »

C'est dans sa foi que M. de Montalembert trouvait l'élan généreux qui le lançait ainsi en plein combat. Un sens esthétique développé par de nombreux voyages en Italie d'abord, puis en Allemagne et en France, avec son ami et son ancien maitre, M. Rio, lui permettait de donner une direction pratique au mouvement que produisit son éloquent appel. C'est à son invitation pressante que M. Rio se décida à publier ses études sur l'*Art chrétien*. Il eut le premier l'idée d'organiser une Société pour la conservation de nos monuments nationaux, idée réalisée et fécondée depuis par M. de Caumont. Enfin, M. de Salvandy institua, à son instigation, le comité historique des arts et monuments (18 décembre 1837) [2].

M. de Surigny, esprit original, chercheur, profondément chrétien par éducation et par tempérament, ne pouvait rester indifférent à ce mouvement, qui fut pour lui, comme pour tant d'autres, une véritable révélation. Son activité et son talent allaient trouver leur emploi. Dans cette voie nouvelle, tout était à faire ou à refaire. La tradition se trouvait perdue depuis trois siècles.

[1] *Revue des Deux-Mondes*, 1er mars 1833.
[2] Tous les détails qui précèdent sont empruntés au livre de M. Th. Foisset : *Le Comte de Montalembert*, Paris, 1877.

Notre collègue n'attendit pas que les maîtres eussent jeté les bases de la science nouvelle. Son bâton à la main, un sac de touriste au dos, il se mit en campagne et fit d'amples récoltes de notes et de croquis. On est étonné, en feuilletant ses cartons, de toutes les richesses inédites qui s'y trouvent enfouies. Il n'aimait pas la publicité, et les travaux qu'il a livrés à l'impression lui ont été pour ainsi dire arrachés par ses amis, à force de sollicitations. Personne n'eût été mieux que lui capable de faire progresser la science ; il avait de la méthode et laissait parler les faits avant d'ériger des systèmes. Aussi, lorsque plus tard M. de Caumont organisa ses congrès archéologiques, y prit-il place parmi les hommes les plus compétents et les plus écoutés. M. de Caumont avait trouvé en lui un défenseur énergique de ses idées. C'était un polémiste intrépide, plein de verve, d'entrain et, disons-le aussi, de sagacité et de flair. Il n'était pas précisément orateur ; mais il avait une admirable lucidité d'esprit que ne troublait point la furie toute française avec laquelle il luttait pour ses opinions. Avec Didron, il aurait déclaré volontiers qu'en archéologie, il ne connaissait ni père ni mère. Aussi Didron le tenait-il en haute estime. Il devint plus tard le collaborateur de ses *Annales archéologiques*.

Le pays bourguignon offrait un magnifique champ d'étude. La grande école bénédictine de Cluny fournissait à elle seule des matériaux inépuisables. M. de Surigny s'intéressait particulièrement à la peinture murale et aux arts décoratifs. Cela cadrait bien avec ses goûts et sa première éducation artistique. Il avait relevé avec autant de patience que de précision les curieuses peintures de l'église de Brancion, celles d'Anzy-le-Duc et de Saint-Vincent, de Mâcon. Ces dernières seules ont été publiées [1]. Les pre-

____

[1] Dans les *Mémoires de la Soc. hist. et arch. de Chalon-sur-Saône.*

mières auront bientôt disparu par suite de l'incurie des hommes. Les secondes ont subi une restauration qui équivaut à une destruction. Notre collègue ne s'en tint point à ces travaux esthétiques. Il dut leur donner un complément nécessaire, par l'étude des textes et en particulier de la théologie et de la philosophie du moyen âge, sans lesquelles l'iconographie catholique reste lettre morte. Il vivait familièrement avec saint Thomas d'Aquin et découvrit, dans les évangiles apocryphes et dans la légende dorée, des sources inappréciables pour l'interprétation des monuments.

Nous sommes déjà loin, Messieurs, de ces temps qui furent l'âge héroïque, l'époque militante de la nouvelle école archéologique, et nous avons peine à nous figurer maintenant quelle persévérante énergie fut nécessaire, je ne dirai pas seulement pour réformer le goût, mais pour façonner les mœurs publiques, vaincre les préjugés, et faire passer du domaine de la théorie dans celui de l'application la réhabilitation de notre vieil art national. « On ne saura jamais assez, a dit excellemment M. Foisset, l'historien et l'ami de Montalembert, quels efforts il a fallu pour transformer, comme on l'a fait, les idées qui dominaient alors en France sur tout ce qui tient à la liturgie, à l'art, à l'archéologie, à l'histoire. On ignore surtout quelles difficultés on rencontrait au point de départ. Cette transformation a été littéralement un travail d'Hercule [1]. » Lutter contre la routine administrative, contre l'ignorance, en pareille matière, des hommes les plus éclairés, contre l'incompétence des architectes chargés des restaurations, contre l'indifférence du clergé ou des conseils de fabrique, contre le mauvais goût de l'époque, et triompher de tous ces obstacles pour arriver, en définitive, à mettre à l'abri

[1] Th. Foisset : *Le Comte de Montalembert*, p. 134.

du vandalisme les monuments de notre histoire, tel sera l'éternel honneur de tous ceux qui se consacrèrent à cette œuvre aussi patriotique que chrétienne.

Ce fut une victoire remportée de haute lutte. On ne rendit que tardivement justice à ceux qui avaient combattu. Les réformateurs sont toujours mal reçus. La grande foule des moutons de Panurge n'aime pas ceux qui prétendent changer ses habitudes. Et puis, disons-le, tout cela ne se fit pas sans des froissements d'amour-propre et sans des conflits où les personnalités se trouvèrent plus ou moins atteintes. Notre collègue, M. de Surigny, était considéré, à Mâcon et aux environs, comme une espèce de don Quichotte, dont on craignait les horions. Aussi, tandis qu'on l'appelait au loin pour donner son avis sur une restauration projetée, sur une peinture murale retrouvée sous les enduits d'un édifice, sur un morceau de décoration récemment exhumé, ses compatriotes se gardaient-ils bien de le consulter. Il connaissait trop les hommes pour s'étonner de cet ostracisme artistique. « Je vous vois sourire, écrivait-il à un ami, en lui annonçant que le chapitre d'Aix-la-Chapelle l'avait mandé pour avoir son opinion sur une restauration projetée de la basilique carlovingienne, je vous vois sourire et vous demander à vous-même comment un homme, à qui l'on n'a jamais demandé son avis dans sa ville natale, est appelé à deux cents lieues de chez lui par des gens qui ne parlent pas français ? Qu'il vous suffise de savoir que le fait existe [1]. »

Je ne veux point prétendre que les jugements de l'école dont relevait notre savant compatriote fussent sans appel. Une réaction violente ne se fait pas sans certaines exagérations inséparables de l'état de guerre. Mais peu importe ; si les détails sont à réviser, le fond subsiste à l'abri de toute

[1] Lettre à M. P. Foisset, du 5 septembre 1869.

discussion. Le moyen âge a reconquis sa place dans le domaine de l'art, voilà le point principal.

Nous sommes loin d'avoir atteint ce résultat en matière historique. Mais soyez sûrs que le xiiie siècle, que notre collègue appelait avec une certaine exagération le siècle de Periclès de l'art chrétien, sera un jour réhabilité dans l'histoire comme il l'a été dans l'art, parce qu'il se dresse comme une majestueuse unité au milieu des siècles de lutte qui l'ont précédé et qui l'ont suivi. Ce qui en fait, à mon sens, un grand siècle, c'est qu'il représente une phase d'équilibre social et moral dans l'histoire de notre développement national. L'esprit païen est bien mort ; le vent de la Renaissance et de la Réforme n'a pas encore soufflé. Tous les cœurs battent, toutes les intelligences travaillent, toutes les imaginations enfantent sous une même inspiration. Que ceux qui jettent l'anathème au moyen âge me disent si beaucoup de siècles ont eu ce caractère d'unité? Mais qui est-ce qui connaît aujourd'hui cette grande époque dont l'histoire, obscurcie par les passions politiques, sommeille encore dans nos poudreuses archives?

L'esprit si clairvoyant de M. de Surigny ne pouvait manquer de deviner la lumière au milieu de ces ténèbres. Ce n'était encore qu'une impression d'érudit. Il ne tarda pas à pénétrer plus intimement dans l'esprit du moyen âge. Les événements l'y amenèrent. Il vint à perdre coup sur coup une fille bien aimée, son enfant premier né, puis sa femme, la digne et vertueuse compagne de ses jours de jeunesse. Ce double deuil eut un douloureux retentissement dans son âme. Mais loin de se laisser abattre par la douleur, il y retrempa son cœur et demanda à Dieu de féconder ce baptême des larmes. Il avouait à ses amis qu'à partir de ce moment il était entré dans la plénitude de son énergie morale et qu'il n'avait véritablement compris le moyen âge que le jour où il l'avait étudié en chrétien fervent. Il appelait cela sa conversion. Ses travaux les plus importants appartiennent à cette seconde période de sa vie.

Il se lia, en ce temps-là, avec un homme éminent qui prit bien vite un ascendant considérable sur son esprit. Cet homme était M. Foisset, un vieux lutteur qui avait guerroyé toute sa vie pour les intérêts catholiques, aux côtés de Lacordaire et de Montalembert, ses amis. M. de Surigny était digne d'entrer dans cette phalange illustre. Il avait, sauf quelques nuances, les mêmes vues libérales, la même foi, et comprenait comme eux les choses de Dieu et les choses du monde. M. Foisset aimait à provoquer les épanchements de son ami de Mâcon qu'il appelait un semeur d'idées ; et vous pouvez croire que ce bon grain n'était pas perdu quand il tombait entre les mains de ces pionniers infatigables. Ce qui m'a particulièrement frappé dans leur correspondance, que les mains pieuses de leurs enfants ont bien voulu me confier, ce sont les jugements prophétiques portés sur les hommes et sur les choses de notre temps. N'en soyez pas surpris. Quand on apprécie les choses humaines à la lumière des principes immuables, on ne se trompe jamais, parce que tôt ou tard les principes ont raison des misérables combinaisons dictées par l'intérêt d'un jour. Tout le secret de la clairvoyance est là.

Le père Lacordaire avait exercé une grande fascination sur l'esprit de M. de Surigny. Il pensa même un instant se donner à lui tout entier et prendre l'habit de saint Dominique. Ce projet se rattachait à une conception dont il s'ouvrit d'abord à son ami, M. Foisset. Frappé du manque de direction et d'unité qui nuisait au développement et à la pratique de l'art chrétien, il pensait qu'une école de moines artistes, créée au sein d'un ordre religieux pourrait rendre des services au culte et à la foi. Il développa cette idée dans une lettre adressée au père Lacordaire , où, après avoir évoqué les précédents du moyen âge , le souvenir des moines artistes comme fra Angelico , il ajoutait qu'il y avait une véritable prédication à exercer par le pinceau, qu'il se sentait la force de l'entreprendre et d'y former des élèves sous le patronage de saint Dominique.

Le père Lacordaire ne vit pas la possibilité de réaliser un plan aussi vaste avec les éléments dont il disposait. M. Foisset , de son côté , présenta à son ami des objections dont il dut reconnaître la valeur. « On conçoit mieux , lui écrivait-il , qu'un jeune homme soit suscité de Dieu pour une telle entreprise , ou bien un homme d'un nom célèbre dans les arts et dont la célébrité servirait de drapeau. Mais à moins d'une intervention toute particulière de la Providence , il est à craindre que celui que vous savez ne se trouve seul et par conséquent hors d'état de fonder quoi que ce soit [1]. »

Le projet fut abandonné. M. de Surigny y renonça à regret, mais il se fit recevoir du tiers-ordre de saint Dominique et allait tous les ans retremper sa foi dans la retraite, soit au couvent de Dijon , soit à Flavigny. A partir de cette époque , il se retira à peu près du monde , fixa sa résidence à la campagne et fit à ses enfants le partage de ses biens, pour n'avoir plus à se préoccuper du soin des choses matérielles.

C'est alors seulement qu'il put réaliser un projet depuis longtemps formé d'aller étudier le moyen âge à Rome, malgré de vieilles préventions contre l'art italien de cette époque. Il y passa quatre mois et en rapporta deux études très-complètes, l'une sur les mosaïques chrétiennes, l'autre sur les manuscrits grecs du Vatican. Il est fâcheux qu'il n'ait pas trouvé le loisir de les publier. Ses études sur les

[1] Cette lettre est datée du 4e dimanche de l'Avent 1859.

mosaïques rectifiaient bien des inexactitudes des auteurs qui
s'en étaient occupés avant lui, et notamment de Vitet et de
Barbet de Jouy. Quant aux manuscrits du Vatican, il pensait y avoir trouvé la filiation de notre art d'Occident, et
arrivait à cette conclusion que nos artistes du xii° et du
xiii° siècle avaient tout reçu des Grecs de Byzance ; mais
qu'ils avaient eu le mérite de rendre une vie nouvelle à l'art
mourant et déchu des Byzantins et de déterminer ce grand
mouvement de renaissance qui eut son apogée au xiii°
siècle.

Il revint par Florence et s'y arrêta pour faire la mono-
graphie du tabernacle de la Vierge d'Or san Michele, par
Orcagna. Le puissant génie d'Orcagna, qui, comme les
maîtres de la Renaissance, fut à la fois peintre, sculpteur,
architecte, poëte et philosophe, s'était emparé de lui au
passage et l'avait forcé à l'admiration. Il lui a consacré,
dans les *Annales archéologiques* de Didron, une notice qui
est un chef-d'œuvre de critique archéologique. Le tabernacle d'Or san Michele est tout un poème théologique dont
l'interprétation ne pouvait être abordée sans une profonde
érudition. M. de Surigny se trouvait admirablement pré-
paré à cette tâche par ses études antérieures. Il s'en
acquitta en maître. On ne peut que regretter qu'il ne se soit
pas adonné plus spécialement aux travaux d'érudition. Il y
excellait et aurait pu rendre de grands services dans cet
ordre d'études.

Il le sentait bien et se proposait de tirer parti quelque
jour des matériaux considérables qu'il avait recueillis. Mais
il voulait terminer auparavant une œuvre commencée
depuis bien des années et contre laquelle toutes les difficultés les plus imprévues semblaient s'être conjurées pour
en empêcher l'achèvement. Je veux parler d'une chapelle
funéraire qu'il avait fait construire dans le cimetière de

Prissé et qu'il avait entrepris de décorer de peintures murales à la cire, dans le style du xm⁰ siècle. Il rencontra des obstacles de toute sorte. Un jour, le feu prit à des flacons d'essence pendant qu'il travaillait. Il faillit périr brûlé ou asphyxié, et ses peintures furent à peu près détruites. A peine ce désastre était-il réparé, que des infiltrations à travers les enduits venaient de nouveau attaquer son œuvre. Après le feu, l'eau. Il lutta pendant des années contre ce nouvel ennemi qui détruisait à mesure qu'il créait. C'était un vrai travail de Pénélope. Puis le poids des ans se fit sentir. Un affaiblissement de la vue lui rendit le travail non-seulement difficile, mais douloureux. Rien n'ébranla son indomptable énergie. Semblable aux solitaires dont on retrouve encore les traces dans les hypogées funéraires de la haute Egypte, il avait résolu d'achever sa vie, s'il le fallait, dans ce tombeau dont il avait fait sa cellule.

« Je profite, pour vous dire bonjour, de mon loisir du dimanche, écrivait-il à un ami[1], à la date du 27 novembre 1870. Loisir, direz-vous? n'avez-vous pas toute la semaine à votre gré? Non vraiment, puisque vous vous rappelez que je me suis imposé le travail, un travail incessant. Si je me dérange, même pour écrire à un ami, du labeur de la semaine, je ne puis plus, une fois interrompu, reprendre la besogne. C'est comme un chemin de fer à qui vous enlevez un rail. Le voilà arrêté court, quand il ne déraille pas. Je perdrais donc tout le fruit de cet excellent dérivatif, de ce baume divin qui nous a été donné pour pénitence et pour remède, et vous ne voulez pas me faire perdre cet avantage. Donc je passe mes journées dans ma chapelle, à peindre, quelque temps qu'il fasse. Quand le jour manque, j'allume mes bougies. Quand il y a quelques rayons de soleil, je les

[1] M. Paul Foisset.

renvoie avec un miroir sur les parties obscures. De temps en temps je dis une petite prière, et ainsi s'écoule la journée, sans apporter plus de soucis que ceux que comporte la situation, et c'est bien assez. »

Cela dura des années.

En 1872, il écrivait au même ami : « Ce n'est pas sans effroi que je prends la plume quand cela est absolument nécessaire. Il en résulte efforts, cuisson, souffrance et amoindrissement de la faculté visuelle. J'emploie donc le peu de force que j'ai à terminer ce que j'ai commencé. Il m'en coûterait, je l'avoue, de le laisser inachevé, et je fais pour cela un effort suprême [1]. »

En 1877, nous le retrouvons encore à son poste. « Je suis obligé de me faire un règlement pour les jours de lecture et pour les jours d'écriture. Le temps me pousse et je dois l'employer dans toute la mesure de mes forces. Pendant la semaine, je peins et je reprends des forces toutes les deux heures à peu près. J'en suis réduit là... Votre cher père m'a donné un exemple. C'est de se presser quand on arrive à ses derniers jours. »

Pardonnez-moi de multiplier ces citations. Mais je tiens à vous donner l'idée de cette énergie et de cette persévérance à travers des difficultés qui auraient vaincu dix hommes d'une autre trempe. « Je travaille toujours un peu ; mais que cela va lentement ! Et comme il y a peu de verve dans cette peinture de vieillard ! Je laisserais volontiers tout travail inachevé en faisant mettre à la place le beau vers de Virgile :

> ....Pendent opera interrupta, minæque
> Murorum ingentes........

---

[1] Lettre à M. P. Foisset.

» Mais je recommence, en résistant à la tentation, ce travail de Pénélope. Si la mort vient, je n'aurai rien à me reprocher. »

Dieu lui donna la satisfaction d'achever son œuvre. A la fin de l'année 1877, il put faire enlever les derniers échafaudages et de ses yeux presque éteints voir enfin réalisée la pensée dont il avait vécu pendant plus de vingt-cinq ans.

La décoration de la chapelle funéraire de Prisse est un poème théologique conçu et exécuté à la manière archaïque du xiiie siècle. L'ensemble des peintures a trait aux fins dernières du chrétien et à ses espérances. Le côté de l'entrée représente à sa partie inférieure la chute de nos premiers parents. Dans le haut, la Vierge leur apparaît portant l'Enfant divin et foulant le dragon sous son pied. C'est la promesse de la Rédemption. Au-dessus de l'autel est peint l'accomplissement de la Rédemption par le sang et la mort du Sauveur. Le Christ, étendu sur le pressoir décrit prophétiquement par Isaïe, mêle son sang à celui de la vigne. Au-dessous sont les âmes rachetées par le sang et amenées par leurs anges gardiens, du lieu des ténèbres à la Lumière. Le côté gauche occupé en partie par la fenêtre est consacré tout entier à la résurrection. Sur le vitrail, qui est de Didron, on voit le Christ sortant du tombeau et dominant deux des résurrections mentionnées dans l'Évangile : Lazare et la fille de Jaïre. Sur la muraille, des deux côtés de la fenêtre, sont représentés quatre sujets de l'ancien Testament, figurant, selon les Pères, la résurrection du Christ. Ce sont : Daniel dans la fosse aux lions, Samson enlevant les portes de Gaza, les trois enfants dans la fournaise de Babylone et Jonas vomi par le poisson. En face de la fenêtre sont peints les deux sujets de la mort et du couronnement de la Vierge, dans lesquels l'artiste a suivi le récit attribué par le moyen âge à saint Jean. Dans le panneau du bas, la Vierge, au milieu de la vallée fleurie, est étendue sur son lit de mort. C'est ce que les Grecs appellent la Dormition, *Kimisis*. Marie est entourée des apôtres réunis miraculeusement pour ses obsèques, de quelques fidèles et d'anges qui remplissent les fonctions liturgiques. Le Christ vient au devant de sa mère et reçoit son âme. Dans le tableau du haut, Marie, assise sur le même trône que son divin fils, reçoit de lui la couronne. La hiérarchie des anges entoure leur reine et chante son triomphe. Au-dessous, les paroles du cantique : *Surge, amica mea, formosa mea, veni, coronaberis*.

Ces quatre belles pages, dont tous les personnages sont de grandeur naturelle, ont été peintes à la cire, dans une gamme de tons lumineux qui luttent d'éclat avec les fonds d'or. « Pour reposer mes yeux, écrivait-il un jour, je viens de dorer toutes les auréoles. Je devrais dire que j'ai illuminé ma chapelle. Non, l'or n'est pas une chimère ! et il a fallu être aussi bête que Messieurs de la Renaissance pour se priver de cette belle chose. C'est ce qu'il y a de plus beau. C'est la lumière même. » Un parti pris assez violemment archéologique, des silhouettes vigoureusement cernées et un modelé très-sobre donnent à ces compositions le caractère sévère qui convient à leur destination funéraire. C'est un effet voulu et cherché. M. de Surigny redoutait beaucoup le genre efféminé. Il préférait, par exemple, le mâle talent d'Orcagna au mysticisme de fra Angelico et reprochait à ce dernier d'avoir sacrifié la virilité à la grâce. Quelques parties de sa chapelle témoignent d'une lutte entre l'archéologue respectueux pour la tradition et l'artiste emporté par sa verve. Ainsi l'Adam et l'Eve sont des morceaux très-vivants et très-modernes. On conçoit, d'ailleurs, que ces figures n'aient pas dû être peintes comme le monde surnaturel qui occupe le reste des panneaux. Et puis, il fallait bien dater et signer l'œuvre, dont l'auteur n'a pas voulu faire un simple pastiche. Quand le temps aura passé son glacis sur les scènes murales, quand les pas des pieux visiteurs auront usé le seuil et disjoint les dalles du mausolée, on reconnaîtra à ces signes que le xiiie siècle fut l'inspirateur mais que l'artiste a vécu pendant notre xixe siècle si fécond en restitutions et si éclectique dans ses goûts et dans ses aspirations.

Quand il eut achevé son œuvre, le courageux artiste fut averti que l'heure du grand repos allait bientôt sonner pour lui. De fréquentes hémorrhagies nasales, préludes de la mort, vinrent abattre ce qui lui restait de forces physiques. Ecoutez si sa fermeté morale avait faibli ; il écrivait le 21 février 1878, quatre mois avant sa mort :

« Le seul œil qui me reste diminue de force sensiblement. La tête me tourne, surtout quand je suis debout. Je digère mal, par conséquent les forces ne reviennent pas, et je me demande si le cerveau se prend définitivement et si je m'achemine à ma fin. C'est une grande affliction que de s'en aller en détail et de le sentir. J'aurais mieux aimé mourir debout et je le demandais à Dieu. S'il me refuse, que sa volonté soit faite [1]. »

Ce souhait fut exaucé. Quelques jours avant sa mort, il travaillait encore à sculpter un reliquaire. Sa tâche achevée, il se coucha pour le repos éternel et mourut [2].

Et maintenant, Messieurs, comment appellerez-vous cette lutte incessante de la volonté humaine contre les éléments, contre la souffrance, contre le poids des ans, ce labeur de vingt ans dans un tombeau, soutenu par le sou-

[1] Lettre de M. P. Foisset.
[2] Le 26 juin 1878.

venir des affections terrestres et par les espérances chrétiennes ? Moi, j'appelle cela de l'héroïsme, et je crois que
vous ne me contredirez pas.

La chapelle funéraire de Prissé ne fut pas l'œuvre unique
de ce vaillant travailleur. Il se reposait du travail par le
travail et pensait que la variété lui procurait un délassement
suffisant. La décoration de la chapelle de saint Jean-Baptiste,
à l'église de Prissé, est de lui. Il a peint, sculpté ou fait
exécuter d'après ses dessins un nombre considérable d'objets
d'art. Il aimait la sculpture. Elle était bien dans ses aptitudes, dans sa manière sobre et énergique de concevoir les
formes ; et puis la lutte contre une matière rebelle, fer,
bois, pierre ou marbre, allait à sa nature.

Toute sa vie, je dirai même le meilleur de sa vie, n'est
pas dans son œuvre artistique. Il n'était pas de ceux qui,
sous prétexte d'études et de travaux spéciaux s'isolent du
monde et cherchent la paix dans une indifférence calculée
pour les événements extérieurs. C'était non-seulement un
homme d'étude, mais un homme d'action. C'est lui qui
installa à Mâcon, en 1846, les conférences de saint Vincent
de Paul, dont il fut longtemps le président et la cheville
ouvrière. En 1848, il se mêla activement à la vie politique
et fut élu membre du conseil municipal de Mâcon. Il était
à cette époque un des principaux inspirateurs du journal *la
Bourgogne*, que le parti légitimiste avait fondé dans cette
ville. Enfin, vous savez, Messieurs, que, pendant plus de
vingt ans, il prit une part active aux travaux de l'Académie
et qu'il eut l'honneur de la présider en 1855.

Il semble que cette vie n'eût pas été complète si elle
n'avait pas reçu la dure consécration des larmes. Elle lui fut
donnée dans une large mesure. Pendant que ce père, si
éprouvé dans ses premières affections, travaillait à décorer
la funèbre demeure où reposaient déjà sa femme et sa fille,

la dalle sépulcrale s'ouvrit deux fois encore pour recevoir de chères dépouilles. Ce fut d'abord sa belle-fille, une jeune femme qui avait un instant ramené sous son toit toutes les grâces de la vertu et de la beauté, puis le plus jeune de ses fils, mort au siège de Paris. Ce fils était son élève et le compagnon de ses travaux. Il l'avait nourri non pas de moelle de lion, comme Achille, mais de l'aliment divin qui fait les lions : la foi. Il lui avait donné comme règle de conduite et comme consigne, un seul mot : Le devoir. Aussi deux fois ce père tendre, mais fort, ceignit-il lui-même les reins de son fils bien aimé pour l'envoyer au combat. A Rome, une première fois, au lendemain de Mentana, il eut la joie de le recevoir dans ses bras, vivant et victorieux. Cinq ans plus tard, son fils aîné, dont il ne m'est pas permis de faire l'éloge puisqu'il est assis au milieu de nous, le lui ramenait enseveli dans le linceul des braves. Voulez-vous savoir, Messieurs, quels accents prenait la douleur dans le cœur de ce père chrétien :

« Vous pensez, cher ami, écrivait-il le 1er janvier 1871, que j'ai payé ma dette envers Dieu et pour le rachat de la patrie! D'autres que vous me l'ont dit aussi. Mais ne mesurons-nous pas la justice de Dieu à la nôtre ou plutôt à notre affection pour nos amis ? Assurément je n'aurais point à me plaindre, si ce que j'ai souffert et ce que je puis souffrir encore était pour le profit de tous les miens et de la France, et j'aurais en un sens à me réjouir d'être comme notre divin Maître une victime expiatoire. Mais en est-il ainsi, et mes propres iniquités ne suffisent-elles pas à motiver une justice divine rigoureuse et qui persisterait au delà ? Voilà, mon ami, ce qui m'empêche de me dire complaisamment : Je suis quitte [1]. »

Ce sont là, Messieurs, des sentiments bien intimes, et

---

[1] Lettre de M. P. Foisset.

j'ai hésité un instant à les évoquer devant vous. Outre que
notre collègue n'aimait pas cette publicité posthume,
dont on a peut-être un peu abusé de nos jours, je crai-
gnais, par un sentiment de discrétion que vous compren-
drez, de les livrer à la curiosité banale et à la discussion.
C'est qu'en effet, l'homme dont je viens de m'entretenir
n'était guère un type de notre temps, et les croyances qui
ont dirigé tous les actes de sa vie soulèvent de nos jours
bien des tempêtes. Mais qu'avais-je à redouter, après tout ?
Ses amis sont nombreux parmi vous et ses adversaires eux-
mêmes ne refuseront ni leur sympathie ni leur respect à la
sincérité et à la fermeté de ses convictions. Que les enfants
de notre regretté collègue me pardonnent si, après vous
avoir conduits jusqu'au seuil de leur foyer, je n'ai pu résis-
ter au désir d'en soulever les voiles sacrés pour vous laisser
contempler, dans ce sanctuaire intime, la belle figure de
leur père, couronnée de la triple auréole du travail, de la
vertu et des larmes. La grande famille humaine a des
droits aussi sur ceux qui l'honorent. La vie des hommes de
bien lui appartient tout entière, et les vertus du foyer ne
sont pas moins utiles à donner en exemple que les gloires
de la vie publique.

A. ARCELIN.

BIBLIOGRAPHIE DES TRAVAUX DE M. ALFRED DE SURIGNY.

1. *Analyse raisonnée* d'une histoire de Notre-Dame de Belleville, par Chambeyron, citée dans : *Compte rendu des travaux de l'Académie de Mâcon* ; 1841.

2. *Compte rendu* de l'analyse critique du fouriérisme, par Gaspard Bélin, cité dans : *Compte rendu des travaux de l'Académie de Mâcon* ; 1843, p. 93.

3. *Lettre* à Didron, à propos de la restauration de l'église du Bois-Sainte-Marie, dans : *Annales archéologiques* (Didron) ; t. X, 1850, p. 286.

4. *Peintures murales à l'église Saint-Vincent de Mâcon*, texte et planches, dans : *Mémoires de la Société d'histoire et d'archéologie de Chalon-sur-Saône* ; 1850.

5. *Agrafes chrétiennes mérovingiennes*, texte et planches, dans : *Mémoires de la Société d'histoire et d'archéologie de Chalon-sur-Saône* ; t. III, 1859, p. 335.

6. *Grille en fer provenant de Cluny* (xiie siècle), planche, dans : *Annales archéologiques de Didron* ; t. XIV, 1854, p. 309.

7. *Rapport* sur la question de concours (Rechercher quelle fut au xie siècle l'influence de l'abbaye de Cluny), dans : *Annales de l'Académie de Mâcon* ; t. I, 1853, p. 7.

8. *Note sur le grand candélabre de Cluny*, dans : *Cluny au xie siècle*, par l'abbé Cucherat ; en note, p. 110.

9. *Rapport* sur l'ouvrage : Les Libertés de la Bourgogne, par Rossignol, dans : *Annales de l'Académie de Mâcon* ; t. I, 1853, p. 167.

10. *Réponse* au discours de réception de M. Campeaux, dans : *Annales de l'Académie de Mâcon* ; t. II, 1857, p. 349.

11. *Réponse* au discours de réception de M. l'abbé Martigay, dans : *Annales de l'Académie de Mâcon* ; t. III, 1857, p. 106.

12. *Rapport* sur la question de concours (Greuze et Prudhon), dans : *Annales de l'Académie de Mâcon* ; t. IV, 2e partie, 1858, p. 137.

13. *Bas-relief tumulaire de Béranger de Palma*, dans : *Annales archéologiques* (Didron) ; t. V, 4e série, 1859, p. 272.

14. *Rapport* sur la numismatique bourbonnaise, de M. Georges de Soultrait, dans : *Annales de l'Académie de Mâcon* ; t. IV, 2ᵉ partie, 1860, p. 247.

15. *Deux mots* sur le tombeau de Pierre le Vénérable, texte et planche, dans : *Mémoires de la Société d'histoire et d'archéologie de Chalon-sur-Saône* ; t. IV, 1862, p. 373.

16. *L'art et l'archéologie à Florence, à Pise et à Rome*, lettres à Didron (20 novembre 1864, 23 février 1865), dans : *Annales archéologiques* ; t. XXV, 1865, p. 50.

17. *Le Tabernacle de la Vierge*, par Orcagna, dans l'église d'Or san Michele, à Florence, 4 planches, 63 pages de texte, dans : *Annales archéologiques* ; t. XXVI, 1869, p. 26-77.

18. *La Société d'Arundel*, lettres à Didron, dans : *Annales archéologiques* ; t. XXVI, 1869, p. 277.

19. *Huit jours à Aix-la-Chapelle*, lettre à M. de Caumont, dans : *Le Bulletin monumental*, année 1869.

20. *Note* sur la restauration du rétable de l'hôpital de Beaune, dans : *Le Bulletin monumental* ; année 1870, p. 64.

21. *Rapports et communications nombreuses* dans les *Comptes rendus des congrès scientifiques de France.*

MANUSCRITS

22. *Etude sur les mosaïques chrétiennes de Rome.*

23. *Les manuscrits grecs de la bibliothèque vaticane.*